EVELYN ARÓN es educadora ambiental, escritora y compositora de canciones infantiles. Ha desarrollado materiales educativos para niños y adultos. Vive en Cuernavaca, México, que es una ciudad en donde hay muchas flores.

EVELYN ARON is an environmental educator, writer and composer of children's songs. She has developed educational materials for children and adults. She lives in Cuernavaca, Mexico, a city where there are many flowers.

JACQUELINE GARCÍA es artista visual, ilustradora y diseñadora. Nació en la ciudad de México. Actualmente vive y trabaja en Zürich, Suiza, una ciudad en la cual tanto las flores como la naturaleza son apreciadas y cuidadas.

JACQUELINE GARCIA is a visual artist and illustrator. She was born in Mexico City and now lives in Zürich, Switzerland, a city where flowers and nature are well cared for and appreciated.

Flowers in Mexico
Las flores en México
Evelyn Arón · texto   &   Jacqueline García · ilustración

¿Has pensado alguna vez para qué nos sirven las flores? Las flores nos dan muchas cosas importantes y buenas. Con sus bellos colores, adornan los campos, las calles y las casas, y al mirarlas, nos dan alegría.

Let us think about flowers: What do they do for us? How do we use them?
Flowers give us many good and important things. They make places look pretty. With their beautiful colors, they decorate fields, streets and houses, and when we look at them we feel happy.

Algunas flores tienen ricos olores y hacen que huela bonito el aire. Este árbol se llama una magnolia y sus flores tienen un aroma delicioso.

Some flowers have wonderful scents and make the air smell good. This tree is called a magnolia and its flowers have a delightful fragrance.

Los olores de algunas flores, como la rosa, el jazmín y el nardo, se pueden capturar al usarlas para hacer perfumes.

Some flowers can be used to make perfumes. The scent of flowers like roses, jazmin and nard can be captured when we use them to make perfumes.

Hay algunas flores que se pueden comer. ¿Has probado las quesadillas de flor de calabaza? ¡Son deliciosas!

Some flowers can be used as food. Have you ever had squash flower "quesadillas"*? They are delicious!

* quesadillas { keh-sah-dee´-yahs } - a folded corn tortilla filled with cheese or other foods

Algunas flores nos sirven como medicinas; haciendo tés con ellas, podemos curar muchas enfermedades. La flor de bugambilia sirve para curar la tos, y la de manzanilla es muy buena para quitar el dolor de estómago.

Some flowers can be used as medicines; we can make teas with them that cure many different diseases. For example, the bougainvillea flower can be used to cure a cough and chamomile tea is good for a stomach ache.

A veces las flores se dan como premios a los ganadores de una competencia, como estas nadadoras, que también recibieron medallas.

Sometimes, flowers are given as prizes to winners of a competition, like these swimmers, who also received medals.

Regalamos flores para celebrar algo importante, como un cumpleaños, el nacimiento de un bebé, o para decir "te quiero". Cuando alguien nos regala flores, nos sentimos muy especiales y felices.

Flowers can also be used as gifts to celebrate something important, like a birthday or the birth of a baby, or to say, "I love you." When someone gives us flowers, we feel very special and happy.

México es un país con muchas tradiciones, en donde las flores son parte importante de las celebraciones.

Mexico is a country with many traditions, where flowers are an important part of the celebrations.

Hay flores que aparecen en distintas épocas y nos recuerdan a las estaciones del año y a nuestras fiestas. Cuando florece el cempasúchitl, de color amarillo-naranja, y la flor de terciopelo, de color rojo como el betabel, sabemos que llegó el otoño y que pronto llegará el Día de Muertos. Decoraremos el cementerio con estas flores y llevaremos velas, comida e incienso, como regalo para nuestros parientes que murieron.

Some flowers appear at different times of the year and remind us of the seasons and of our holidays. When golden "cempasúchitl"* and beet red "velvet flowers" appear, we know that autumn is here and that the "Day of the Dead" will soon arrive. We will decorate the cemetery with these flowers and take candles, food and incense, as gifts for our relatives who died.

* cempasúchitl {sehm-pah-soo´-chee-tl} - marigold

Y cuando aparece el rojo brillante de la Flor de Nochebuena, nos recuerda que ha llegado el invierno y que pronto llegará la Navidad. Nos divertiremos rompiendo piñatas en las "Posadas". ¡Viva!

And when the bright red pointsettias or "Christmas Eve Flowers" appear, we know that winter is here and that soon we will be having fun breaking a "piñata"* at the "Posadas"* or Christmas festivals.

* piñata { pee-nyah´-tah } - A "piñata" is a clay pot covered with papier-maché and filled with winter fruits, peanuts and candy, that children break for fun.

* Posadas {poh-sah´-dahs}

Una versión de un poema del rey azteca Netzahualcóyotl, dice así:
>Amo el canto del zenzontle,
>pájaro de cuatrocientas voces,
>amo a mis hermanas,
>las plantas y las flores.

A version of a poem by the Aztec king Netzahualcoyotl*, says:
>I love the song of the "zenzontle" *,
>bird of four hundred voices.
>I love my sisters,
>the plants and the flowers.

* Netzahualcóyotl {neh-tzah-wahl-coh´-yoh-tl}

* zenzontle { sehn-sohn´tle } - mocking bird

Las flores nos dan muchas cosas importantes y buenas. Nosotros debemos cuidarlas y proteger los lugares en donde están, para que puedan vivir saludables y contentas.

Flowers give us many good and important things, but we must take care of them and protect the places where they live, so they can be healthy and happy.

ACTIVIDADES PARA LA EDUCACIÓN TEMÁTICA

• **Área literaria**

- Explique el poema que aparece al final de la siguiente manera:

¿Por qué dice el poema que el zenzontle es un pájaro de cuatrocientas voces? El nombre del zenzontle significa "sin voz", porque es un pájaro que no tiene un sonido propio, sino que imita los sonidos de los otros animales. Al decir que tiene 400 voces, quiere decir que podría imitar los sonidos de muchos otros pájaros y animales.

¿Por qué dice el poeta que las flores son sus hermanas?
Los antiguos mexicanos, y entre ellos los aztecas, pensaban que el planeta en donde vivimos es nuestra madre, y le llamaban "Madre Tierra". Para ellos, todos los seres que vivimos en el planeta, las personas, las plantas y los animales, somos hijos de la misma madre, y por eso somos hermanos.

Todos estamos relacionados. Todos respiramos el mismo aire y vivimos en el mismo mundo.

- Cuando queremos decir algo que es importante para nosotros, podemos decirlo con pocas palabras que expresen nuestras ideas y nuestros sentimientos. Si hacemos que las palabras tengan un bonito sonido, entonces estamos haciendo un poema. A veces las palabras pueden leerse con ritmo y a veces riman (explique estos conceptos).

- Lea a los niños algunos poemas cortos infantiles y explíquelos. Después, los niños crearán sus propios poemas, dictándolos a la maestra o escribiéndolos, en donde se mencionarán las flores.

LAS FLORES EN MÉXICO

• **Área manualidades**

- Traer flores al salón y hacer que los niños las dibujen.

- Hacer flores usando retazos de tela, hojas y semillas, papel crepé, o cualquier otro material. Usar alambre o limpiadores de pipa para los tallos.

- Secar y prensar flores, poniéndolas entre dos pedazos de papel encerado o periódico y colocando una pila de libros encima de ellas. Dejar así hasta que se sequen. Hacer un collage con las flores disecadas, pegándolas sobre una cartulina.

ACTIVIDADES PARA LA EDUCACIÓN TEMÁTICA

• **Área cocina**

- Que los niños preparen quesadillas de flor de calabaza y que se las coman. También pueden preparar una agua de jamaica.

Quesadillas de flor de calabaza
Ingredientes

- tortillas de maíz
- flores de calabaza frescas
- cebolla picada
- epazote (Si no tiene epazote, puede usar algún otro condimento, como orégano)
- aceite
- queso blanco

Modo de preparación:

Lave las flores y quíteles los tallos, las bases de las flores (con hojitas verdes) y los pistilos que están en el centro de la flor. Abra la flor y rómpala en varios pedazos. En un sartén, fría la cebolla picada en un poco de aceite, agregue la flor de calabaza deshebrada, un poco de epazote y sal. Permita que el líquido se evapore. Caliente las tortillas ligeramente en un comal o en otro sartén, rellene con dos cucharadas de la mezcla de flor y agregue unos pedacitos de queso. Caliente otro poco y sirva.

- **Área cocina**

Agua de Jamaica

Ingredientes

- un puño de flores de Jamaica (frescas o secas)
- 3 litros de agua
- azúcar o endulzante natural
- cubitos de hielo

Modo de preparación:

Enjuague las flores y póngalas en una olla. Agregue el agua y permita que hierva 5 minutos. Apague el fuego y deje reposar hasta que enfríe. Cuele el té y agregue endulzante y hielo. El agua debe quedar ligeramente ácida y dulce.

ACTIVIDADES PARA LA EDUCACIÓN TEMÁTICA

• **Área científica**

- Lleve flores de manzanilla al salón para hacer un té medicinal. Explique a los niños que la manzanilla sirve para curar el dolor de estómago. Prepare un té con las flores: Póngalas en una olla, agregue agua hirviendo, agítelas con una cuchara y déjelas reposar 15 minutos en la olla tapada. Cuele el té, vertiéndolo en una taza, y endúlcelo con un poco de azúcar o endulzante natural. Que los niños prueben el té para conocer su sabor.

- Lleve otras flores medicinales al salón para que los niños las conozcan. Por ejemplo, árnica para la inflamación, caléndula para las heridas.

- Lleve un perfume al salón y haga que los niños lo huelan. Hable sobre cómo se hacen los perfumes.

- Que los niños planten plantas que florecen y aprendan a cuidarlas, regándolas cuando sea necesario y asegurándose que reciban la cantidad de sol adecuada para cada planta. Pueden hacer su propia composta, con desechos de jardín y de la cocina, y usarla para abonar sus plantas.

- Que los niños pregunten a sus parientes, incluyendo a los abuelos y personas mayores, sobre las flores medicinales que usan o conocen. Que traigan al salón las flores medicinales que puedan conseguir y las muestren a sus compañeros. Hablar sobre esas flores y sus propiedades.

LAS FLORES EN MÉXICO

• **Área dramática**

- Actuar una escena en la que una persona cumple años y otra le regala flores.

- Actuar una escena en donde en una familia ha nacido un bebé y los parientes y amigos vienen a visitar y traen flores.

- Que los niños imaginen que son una semilla que es plantada en la tierra, regada, y que después germina y le empiezan a crecer las raíces, el tallo, las hojas y las flores. ¿Qué se siente ser una planta? ¿Qué necesitan para estar saludables y contentas?

- Actuar el crecimiento de la planta a partir de la semilla.

ACTIVIDADES PARA LA EDUCACIÓN TEMÁTICA

• **Área días festivos**

Día de Muertos

- Explique que en México, la gente celebra el Día de Muertos los días 1 y 2 de noviembre. Durante esta celebración, las personas ponen altares llamados "ofrendas" en sus casas y allí colocan las comidas favoritas de los parientes que hayan muerto. Creen que el espíritu de la persona que murió va a venir a comer la comida. Las ofrendas se decoran con flores de otoño (amarillas, moradas, anaranjadas y blancas), velas, incienso y papel de China recortado con figuras. También se lleva comida, incienso y música al cementerio, y éste se decora con muchas flores y velas.

Pueden celebrar el Día de Muertos en el salón de clases, poniendo una ofrenda decorada y colocando alimentos que les gustaban a los parientes que murieron, o a las mascotas. Se puede también colocar fotografías de los familiares o mascotas y hablar sobre los recuerdos y pensamientos relacionados con ellos.

LAS FLORES EN MÉXICO

• **Área días festivos**

La Navidad

Si usted no está en México, explique que la piñata es una olla de barro cubierta de papel-maché, a la cual se le dan distintas formas, como de estrella, animales o personajes populares. La olla se llena con frutas de invierno, cacahuates (maní), y dulces y se cuelga con una cuerda de un techo, árbol o cualquier lugar elevado. Un adulto se sube a jalar la piñata por la cuerda para que se columpie, mientras que abajo, un niño o una niña con los ojos vendados, trata de encontrar la piñata y romperla con un palo. Los demás cantan una canción tradicional para animar al que trata de romper la piñata. Cuando por fin se rompe, todos se lanzan al piso donde cayeron las frutas y los dulces y tratan de tomar lo más que puedan. Usted puede fabricar una piñata en el salón con los niños, y después romperla entre todos.

- Explique que en México, en invierno aparece la flor de Nochebuena, pero que en otras partes del mundo las flores de invierno son diferentes. Hable sobre las flores que florecen en invierno en el lugar en donde usted vive. Si vive en un clima frío, explique que en ese lugar no hay flores en invierno y que la gente relaciona esa época del año con la nieve y los árboles sin hojas.

- Hable sobre las flores que aparecen en la primavera. Puede llevar a los niños a salidas al campo, o al área cercana a la escuela, en diferentes épocas del año, y registrar las flores que aparecen durante cada estación.

THEMATIC TEACHING ACTIVITIES

• Literary Activities

- Explain the final poem in the following way:

Why does the poem say that the zenzontle is a "bird of four hundred voices? The word "zenzontle" means "without a voice", because this is a bird that does not have a song of its own; instead, it imitates the sounds that other animals make. When we say it has four hundred voices, we mean it could make the sounds of many other birds and animals.

Why does the poet say that flowers are his sisters?
The Mexicans who lived a long time ago, among them the Aztecs, thought that the planet where we live is our mother, and they called her "Mother Earth". For them, all beings living on the planet - people, plants and animals - are children of the same mother, and that is why we are brothers and sisters. All living beings are related. We all breathe the same air and live in the same world.

- Explain that sometimes people express ideas and feelings that are important to them by using a few words that sound good together. Sometimes the words are read with rhythm and sometimes they rhyme (explain these concepts). When we use words in this way, we create a poem.

- Read a few short children's poems and explain them. Then have children write or dictate their own poems, where flowers are included.

• Hands-on Activities

- Bring flowers to the classroom and have children draw them.

- Construct flowers using pieces of scrap fabric, dry leaves and seeds, crepe paper, or any other material. Use pipe cleaners or wire for stems.

- Dry flowers between pieces of wax paper or newspaper, placing a flat weight on top (like a stack of books). Make a collage with the dry flowers, pasting them on a piece of construction paper.

THEMATIC TEACHING ACTIVITIES

• Cooking Activities

- Have children prepare squash flower "quesadillas" and then eat them. They may also prepare a hibiscus flower drink ("Agua de Jamaica").

Squash Flower Quesadillas:

Ingredients
- corn tortillas
- fresh squash flowers
- chopped onion
- cooking oil
- "epazote" (Mexican herb - optional - may be substituted by another herb, such as oregano)
- white cheese

Preparation Method:

Rinse the flowers, separate and discard the stems and flower bases (with small green leaves). Open the flowers, remove and discard the pistils which are in the center. Shred flowers into several pieces. In a frying pan, sauté onions in a little oil, add squash flowers, epazote (if available) and salt and stir a few minutes. Allow liquid to evaporate. Warm tortillas in another pan, place about two tablespoons of squash flower mix on each tortilla, add pieces of cheese and fold in half. Allow quesadillas to cook for a few minutes, turning over frequently.

• Cooking Activities

Hibiscus Drink ("Agua de Jamaica"):

Ingredients

- one fistful of (dry or fresh) hibiscus flowers
- 3 quarts water
- sugar or natural sweetener
- ice cubes

Preparation Method:

Rinse the flowers and put them in a pot. Add the water and allow to boil for about five minutes or until water is red. Allow to cool and strain. Add sugar or natural sweetener and ice cubes. The drink should be slightly tart and sweet. Serve with the quesadillas.

THEMATIC TEACHING ACTIVITIES

• Scientific Activities

- Bring aromatic flowers to the classroom, such as roses, jazmin and nard, so that children can smell their scents.

- Bring a perfume to class and have children smell it. Talk about how perfumes are made.

- Have children plant plants that blossom and teach them how to take care of the plants, watering them and making sure they receive an adequate amount of sunlight. Organize a composting project so children can make their own natural fertilizer for their plants.

- Bring chamomile flowers to the classroom to prepare a medicinal tea. Explain that chamomile helps cure a stomach ache. Prepare a tea with the flowers. Put the flowers in a pot, add boiling water, stir with a spoon and allow them to steep in the covered pot for 15 minutes. Strain the tea into a cup. Put a little sugar or natural sweetener in the tea and have children taste it.

- Bring other medicinal flowers to the classroom so that children get to know them. Explain their healing properties. For example, arnica for inflammation, calendula (marigold) for wounds.

- Tell children to ask their relatives, especially grandparents and other older people, about the medicinal flowers they use or know. Ask the children to bring samples of these flowers to the classroom and show them to their classmates, explaining their medicinal properties.

• Drama Activities

- Act out a scene where it's one person's birthday and another gives her flowers.

- Act out a scene in a home where a new baby has been born. Friends and relatives come to visit the family and bring them flowers.

- Ask children to imagine they are a seed that is planted in the earth and watered. Then they will sprout, their roots and stem will grow and leaves and flowers will appear. What does it feel like to be a plant? What do they need to be healthy and happy?

- Act out the growth of a plant starting from the seed.

THEMATIC TEACHING ACTIVITIES

• Holiday Activities

Day of the Dead

- Explain that in Mexico, instead of Halloween, people celebrate the "Day of the Dead" on November 1 and 2. During this celebration, people set up altars ("ofrenda" or offering) in their homes with the favorite foods of their relatives who died. They believe the spirits of the dead people will come and eat the food. The altars are richly decorated with autumn flowers (red, orange, purple and white flowers), candles, incense and cut-out colored China paper. They also take food, candles, incense and music to the cemetery, which is beautifully decorated, and visit their relatives who died.

- You may celebrate the Day of the Dead in the classroom by setting up an altar with autumn flowers, favorite foods of loved ones who died (including pets) and sharing memories and thoughts about them. Photographs of loved ones may be placed in the altar as well.

• Holiday Activities

Christmas

- Explain that a "piñata" (pronounced "pee-nyah-tah") is a clay pot covered with papier-maché and made to look like different figures such as stars, animals or popular characters. The pot is filled with winter fruits, peanuts and candy and hung with a rope from the roof, a tree or any high place. An adult will go up on the roof and swing the piñata, pulling on the rope, while a child down below is blindfolded and tries to find and break the piñata with a stick. The others sing a traditional song to encourage the child. Children take turns being blindfolded and trying to break the piñata. When it is finally broken, everyone rushes to the ground where all the fruits and candy fell and try to get as many as possible. Making and breaking a piñata is fun to do with the children at school.

- Explain that in Mexico, pointsettias blossom in winter, but in different parts of the world winter flowers vary. Talk about the flowers that blossom in winter in the place where you live. If you live in a cold climate, explain that where you live there are no flowers in winter and that people relate that time of the year to snow and bare trees.

- Talk about the flowers that will announce the arrival of spring. You might go on outings with the children throughout the year and record which flowers blossomed during each season.

Título / Title / Las flores en México / Flowers in Mexico

Derechos de autor / Copyright ©2017 by Evelyn Arón, Mexico City / Jacqueline García, Zürich

Derechos reservados / All rights reserved.

Revisión del español / Spanish Editors: Marta Pou, Mari Carmen Rodríguez

Revisión del inglés / English Editors: Loraine Woodard, Liz Raptis, Marty Picco

Diseño / Book design: pepitagraphics.ch

Asesoría layout / Layout Adviser: Claudio García, blacktropik.com

Impresión / Printed by: INGRAM Lightning Source.com

ISBN 978-3-033-06150-7

1. Edición / Edition 2017

www.ingramcontent.com/pod-product-compliance
Lightning Source LLC
Chambersburg PA
CBHW042012150426
43195CB00003B/105